送給

我的愛妻，她曾因為堅持

與我在一起，而在神旨人意的問題上，

苦纏了許多歲月！我衷心感激！

教會事工系列

神的心意

是怎麼一回事？

張漢強 著

基道出版社

▼

教會事工系列

神的心意是怎麼一回事？

What is God's Will?

作者
張漢強 Cheung, Hon-keung

責任編輯
羅慧琪

裝幀設計
莫可雅

■

出版／發行
基道出版社
香港沙田火炭坳背灣街26號富騰工業中心1011室
LOGOS PUBLISHERS
Unit 1011, Fo Tan Ind. Centre, 26 Au Pui Wan St., Shatin, Hong Kong
電話：(852) 2687-0331 傳真：(852) 2687-0281
網址：http://www.logos.com.hk

澳洲總代理
基道書樓LOGOS BOOK HOUSE
4 Tooronga Terrace, Beverly Hills 2209, N.S.W., Australia
電話：(612) 9554-3631

承印
海洋印務有限公司

●

10/03初版
Cat. No. LP344
ISBN 962-457-248-8

目錄

關序

《神的心意是怎麼一回事？》這本書所問所答，都非常全面，但卻又極之濃縮。如何處理這個歷史悠久的懸案呢？在本書中，你可以找到釋經學者如何理解它，可以讀到古今中外、亞洲、本地的教會傳統及神學探尋，還有真人真事個案反省及答客問式的「教義小問答」。有理論探討，又有實踐視野，這本書雖小，卻五臟俱全。

讀這本書，彷彿在閱讀張牧師其人。筆者曾與張牧師同窗，雖不至深交，卻有不淺的弟兄之情。他是個熱愛理論探討的人，卻又非常有實踐的關懷。按我對他的認識，能使他夜夜不眠的理性問題，背後都總是牽涉到人生實踐之問題的。神的心意是怎樣一回事？這個問題，在張牧師的筆下，明顯又是一個具實踐旨趣的理性問題。張牧師是位神學工作者，更是位實踐神學工作者，亦是一位牧者。某神學家曾說，優秀的牧者，該是個「實踐基督教思想者」(practical Christian thinker)。張牧師具有這種素質。

這本書，適合不同的讀者。倘若你／妳是個牧者，在當中你／妳可溫故而知新，對你／妳的牧養必有裨益；倘若你／妳是個追尋信仰反省的信徒，當中你／妳會享受到很大的反省空間；倘若你／妳的生命正在被「神旨」的問題纏擾，當中你／妳會得到同行者的鼓勵。我喜歡讀這本書，因為它不單從概念討論開始，更引帶讀者發現，這個問題深層地牽連到道德實踐(moral practical)的決定，也是個關係性

(relational) 的問題——與己、與人、與社羣、與神的關係。

關瑞文
香港中文大學崇基學院
神學組助理教授

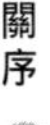

鄧序

我所認識的張漢強牧師是個年青的牧者。年青意味著有創見，敢於表達；敏於需要，勇於服事。張牧師不單擅長使用電腦，寫作了《教會上網小幫手》和《教會活用軟件小幫手》，又喜歡透過文字來表達他對信仰、對聖經的看法，以牧養弟兄姊妹。

《神的心意是怎麼一回事？》、《靈性與低潮》、《苦難與神的隱藏》、《婚姻與它可能的問題》這四本小書是張牧師的新作。其源起在於我們發現教會中弟兄姊妹經常在日常生活中面對不少問題，牧者傳道總是發覺難以回答，也不容易在很短的時間內找到相關有幫助的資料，往往就以一些

模稜兩可的答案推搪過去，事後又因為種種原因沒有跟進，讓信徒繼續長時間內帶著困擾的問題而生活。

基於上述的考慮，我們認為有需要撰寫及出版一些類似手冊形式的小書，讓牧者傳道，甚或弟兄姊妹一旦遇上像神旨、靈性、苦難和婚姻等問題，可以找到立時的幫助，在較短的時間之內了解問題，以及信仰的對應。我們提供的並非即食的答案，相反，我們是以短小的篇幅、精要的文字鋪陳值得參考的觀點、閱讀的資料，作為基礎，供大家進一步思考，以得出自己的看法。

四本小書的結構都是相同的，包括五部分。1. 引言，2. 歷史小館，3. 神言探索，4. 人間剪影，5. 教義小問答。修讀過神學的弟兄姊妹不難發現，這幾部分，除引言外，其實分別對應教會歷史、聖經研究、實踐神學和教義／系統神學。這些內容表明了要處理一個生活中遇上的問題，採取單一學科並不足以應付，只有匯聚不同的學科才能為這些問題投下亮光，有助形成一較為全面的看法。

張漢強牧師率先提出這四本小書的構想，並在很短的時間之內完成，把他長期關心思考的問題見諸文字，貢獻給教會，盼望不久的將來，張牧師繼續不斷筆耕，以其對教會需要的敏感心靈，撰寫出更多切合牧者傳道牧養需要的作品。是所祈盼。

鄧紹光
香港浸信會神學院
基督教思想（神學與文化）副教授
二〇〇三年九月八日

1 引言

「我們可以知道神的心意嗎？」

根據保羅所說：不。我們不能。「深哉，神豐富的智慧和知識！他的判斷何其難測！他的蹤跡何其難尋！誰知道主的心？誰作過他的謀士呢？」(羅十一33～34)

我們能夠清楚知道一個人的心意嗎？不。人的心意尚且不易掌握，我們要妄想清楚知道神的心意，是否有點天方夜譚呢？當我們以為神的心意，是處在客觀而永存的狀態時，是否同時暗示了神的心意／想法，是死的而不是活的呢？！當我們求問神的心意時，往往指涉未來，而對於未來，我們的神，是否有非答我們不可的必要呢？(參可十三32) 當我們談論神的心意，用「旨意」(Will)一類的詞語，用「求問」一類的表達方式時，我們又是否在暗示，我們與神之間，被剝削只剩下「君民」那種有著遙遠距離的關係呢？當我們高談闊論地，以哲學的手法來描述神旨，將神的心意，分成「普遍旨意」和「個別旨意」時，又是否同時暗地將這位神，框進我們的狹小頭腦內，將神機械化？是否神的心意，都一定要有聖經的基礎呢？是否神的心意，都必然有客觀環境、有多人的印證呢？是否神的心意，都以「成就與否」的結局來決定／說明呢？人的心意，必然與神的心意對立嗎？理由／準則在哪裏呢？人，有意願要堅持之時，是否我們的神，都「例必」反對？我們升學不理想、愛情不如意、工作不順利、家庭經濟狀況不佳，是否就是我們沒有遵行神心意的後果呢？是否我們升學順利、愛情得意、升職加薪、家庭愉快，就是我們遵行神心意的必然結果呢？是否只有屬靈人、教牧等，會比平信徒更明白神的心意呢？「神的心意」與「人的心意」可以客觀地比較嗎？……

我們以為太熟悉的東西，有時，可能是我們並不熟悉的東西。讀者，你知道甚麼是「神的心意」嗎?你，有認真想一想嗎？

2 歷史小館

歷代信徒，在「神的心意」的問題上，曾投入過不少的關注及有過不少討論。今天，我們對於「神的心意」的理解，無論我們願不願意，都在踏著前人的足迹，摸索前行。為此，我們從古到今，嘗試瀏覽一下歷史上的教父、改教家、神學家、靈修大師、牧師、平信徒領袖等等，到底怎樣看「神的心意」這一課題。踏遍前路，我們將會在「神的心意」這一課題上，有多一份透徹的了解；此刻，就讓我們一起來走一趟「歷史之旅」吧！

1 約伯：「誰用無知的言語使你的旨意隱藏呢？我所說的是我不明白的；這些事太奇妙，是我不知道的。」(伯四十二3)

「你問，無知的我怎能疑惑你的智慧；我講論自己所不明白的事，奇妙異常，不能領悟。」(伯四十二3，《現代中文譯本》)

2 神對「末世」的心意是隱藏的，耶穌曾說：「但那日子，那時辰，沒有人知道，連天上的使者也不知道，子也不知道，惟獨父知道。」(太二十四36)

3 對於神的智慧、想法，保羅不無感歎地說：「深哉，神豐富的智慧和知識！他的判斷何其難測！他的蹤跡何其難尋！誰知道主的心？誰作過他的謀士呢？」(羅十一33～34)

4 教父們的意見怎樣呢？不乏「二元論」的色彩；而「神的意願」與「人的意願」有時

會抽象地對立起來（當然，有時也有例外的）。這種二元區分，有時難免將人的意願，都貶為「惡」的傾向。這傾向站得住腳嗎？不言而喻了。

聖巴西流（St. Basilius, 約 330～379）：「……甚麼時候我們全為天主所管理，靠天主而活，那麼就達到了我們的人生目的，這也就是作為受造之物的至高無上目的，再好也沒有了！」（《解釋聖經》〔*Hom. In Hexaemeron*〕）

耶柔米（Jerome, 約340～420）：「凡喜歡天主所安排的一切，應該都是好的：天主罰我，丈夫死去；我悲哭我的不幸，但因主之旨意如此，故我要心平氣和地去忍受。天主把我獨子拿去；我固然很難受，但是，因為他本是天主給我的，天主拿去，我亦可忍受。若我失明，那麼，我的朋友們，會為我念聖書來安慰我呀！若我連耳朵也聾了，不能聽見，那麼我將不會陷於惡習，可專心思想天主了。若我除此以外，再受貧窮、飢餓、病痛、寒冷之苦，那麼，我要渴望死亡之來臨，心想：不久將苦盡甘來，故依然遵行主旨。」

「耶穌常把偉大的事，讓聽眾自由選擇……祂不來強迫你，好叫你意志自由，掙得功勞的報償。」

「……我們如果愛基督，記念祂用寶血來救贖過我們，那麼我們所願意行的，無非是為認識祂的意願而已……」(《書信集》〔*Letters*〕)

聖奧古斯丁(St. Augustine, 354～430)：「……你的意願，該隨天主聖意而更正：不該叫天主的聖意，屈就你的私意。你的意願是不正直的，而天主的意願，是正直的，該隨從正直的意願，修正那不正直的才對。……」

「……天主是天主，知道一切：……誰寧願天主隨他的意願，而不願隨從天主的意願，便是願天主屈就他的意願，而不願隨從天主的正道來更正自己的意願。這些人，我不用說——但我知道我說真話——是不信天主的人，是不忠不孝無惡不作的人⋯⋯這些人，也許人會喜歡他們；而天主決不會喜歡他們。」

「⋯⋯如果你隨從天主聖意，那你就不是罪人了；相反，如果你居心不良，不願隨從天主聖意，那你就有了壞心！⋯⋯」（《解詩篇》〔*Enarrationes in Psalmos*〕）

克里馬科斯（S. Jonnes Climacus, 525～600）：「對天主意旨之認識：好比炎夏的小鹿，渴慕水泉。同樣，熱心的修士，渴望認識天主的聖旨⋯⋯凡切願認識天主聖旨的人，都該以犧牲私意為首要職責，然後，抱著純潔無妄的信心，懇切祈禱，帶著毫不遲疑的謙卑心情，向神父或修士求教，而視他們的主意，宛如天父親口的教誨；⋯⋯天主是公正的，決不讓一個虛心求教的人，因著純潔無妄的信心，而受到他人的欺騙，誤入迷途；即使那些施教的人，並不明智，而那通過他們的口，暗暗

地教訓你的天主，決不令你失望！」(《天梯論》〔*Scala paradisi*〕)

5 馬丁路德(Martin Luther, 1483～1546)談論神的心意，仍殘留著教父們的影子。在他的〈論意志不自由〉裏，他說：「上帝在我們心裏動工的時候，『意志』就改變了，並很喜悅地吸取著上帝的靈。這樣他的思想行動不是出於『強迫』，乃甘心願意地照著上帝的旨意去行。……我們藉著聖靈成了祂的僕人、祂的俘虜的時候，我們就可甘心願意照著祂的旨意而行了。」(《路德神學類編》)

6 改革宗的加爾文(John Calvin, 1509～1564)，雖然與路德在某些問題上的取向，不盡相同，但就神的心意方面，卻似乎一脈相承：

「神的一切都是公正的：……
一個人若不把自己完全交給主，

以致使一切生活受主旨意的支配，就不算是真的克己。一個人若有這種心情，那麼，不論他的遭遇怎樣，他絕不感覺自己不幸，也絕不會將自己的命運歸咎於上帝。」(〈否認自己〉，《基督徒生活手冊》)

「一個人知道他不屬於自己，把自己理性所有的權威，都獻給上帝，這種人是何等的精明啊！順從自己的意志必使人陷於毀滅，所以放棄依賴自己的智慧或意志，一心服從上帝的引導，乃是最可靠的。我們首先要拋棄自我，把我們所有的能力和精神都獻為服事上帝之用。……我們不是尋求自己的意志，乃是尋求主的旨意，並實現祂的光榮。我們若能忘記自己，放棄自己的理性，一心注意上帝和祂的

誡命，就是很大的成功了。……一個人若不把自己交給主，以致使一切生活受主旨意的支配，就不算是真的克己。」(〈基督徒的生活——克己〉，《基督教要義》卷三)

「基督徒只當以神的旨意為生活的目標，他的生活才有價值。假使我們的一生都為祂的旨意而活，那我們若想去行那不討神喜悅的事，就錯了，當然我們更不能自以為是在討祂的喜悅。」(《羅馬人書》第十四章)

7 在屬靈長者蓋恩夫人(Madam Guyon, 1648～1717)的著作裏，對於神的心意，她承傳了古教父的見解；對於人如何順服神的心意，則用了較具情感及人性的表達，叫人順服神心意時，能較具人性。請聽她的話：

「請不要盼望神用奇異的方法，將祂的旨意啟示給你。許多最大的事情是發生得最平常的。……朋友，請你在現在的安排中去遇見神，並且在一切臨到你的事情上服下來。」(〈活在現在裏〉，《蓋恩夫人的信》)

「只有『愛』能使一個人將意志降服於神，如果順服不是出於愛，那麼順服至終會變得很『無情』。當一個信徒因著熱愛神而甘願放棄自己的魂生命、意志以及一切給神，除了神自己之外，為自己再也無所求；我們說他有了一個『好的開始』。為甚麼？因為這一種情形說出他不會再因任何自己的利益而快樂。」

「在人裏面出於己的願望必定與己有關，這乃是因為他的意志沒有被純淨。主所要作的，是把你的意志作到無有的地步，好讓你的意志與祂的意旨成為『一』。因此你的主必須常常吞滅和拆毀出於你自己的願望。」

「我們常常不明白神的旨意，但不能因著不明白就不相信祂的主權。」(《靈命的歷境與危機》)

8 由個別改革領袖、屬靈領袖的意見，漸漸，神心意的問題，也反映在改革宗日後的信條上；並且將「神的心意」的討論，大幅度從「個人」的層面，擴展到整個世界：

「論神永遠的定旨：一.神從永遠，本祂自己旨意的至智至聖的計劃，自由、不變地決定一切將要成的事。但根據此點，神絕非罪惡之源，亦不侵犯被造者的意志，而且也並未廢棄第二原因的自由性或偶然性，反而確立它。

二.雖然神知道在一切假定的條件下可能發生的事；可是他預定任何事，並非因預知未來的事，或預見在某種條件下要成的事。」(《威斯敏斯特信條》)

「……聖經教導我們沒有任何事能夠碰巧臨到我們，一切事臨到我們，都是出於天父極其恩慈的安排；祂以慈父的關懷照顧我們，使一切受造之物在其全能之下，若沒有我們天父的旨意，沒有一根頭髮(我們的頭髮都被數過)，或一隻麻雀會落在地上，我們完全靠賴我們的天父；我們知道神控制那惡者以及我們所有的仇敵，若沒有神的旨意與許可，它們是不會傷害我們的。因此我們拒絕伊壁鳩魯派的危險錯謬，他們説神甚麼都不管，將凡事歸之於機遇。」(《荷蘭改革宗教會信條》第十三條「論神的護理」)

9 近代的神學家、屬靈牧長，又怎樣看「神的心意」的問題呢？在中國，我們所熟悉的屬靈長者看「神的心意」的問題，再次聚焦在個別信徒的身上。王明道較具體地說明「神的心意」的問題。他說：「……『神的旨意』這一個名詞是一般熱心的基督徒們口中所常說的，也是他們心中所願意明白的，同時也是他們常常弄錯的。許多基督徒以自己的意思和希望當作神的旨意。又有許多基督徒以他們所景仰的人所說的話為神的旨意。……神的旨意已經都顯明在祂所賜給我們的聖經……把一切作人的原則都指示我們了。……我們明白神的旨意與我們熟悉聖經是有大關係的。……你要多明白一個人的心，必須多聽他說話，而且留意他所說的，思索他所說的。我們要明白神的心意也是如此。……我們明白神的旨意多

少與我們和神的交通親疏是成正比例的。」(〈神的旨意〉，《王明道文選》第二冊)

10 另一位華人屬靈長者宋尚節說：「在今世，神往往把最好的收去巧為保存，免在濁世被污染。神旨測不透，如今不知道，將來必明白。」(轉引自《世界古今屬靈名言》)

11 近代，經歷過獨裁的寡頭政治，深刻體會到苦難的神學家潘霍華(Dietrich Bonhoeffer, 1906～1945)，對比平信徒，他一定會問「神的心意」的問題，而且會問得更深刻、更「入肉」。他所思考的，在有關「神的心意」的問題上，為近代信徒提供了一個很強的神學基礎；並且常常被信徒自覺或不自覺地引用：「當然，每件事情的發生不一定都是神的旨意，然而最終地，沒有神的意願，任何事都不能發生。」(《獄中書簡》〔*Letters & Papers from Prison*〕)

12 潘霍華以後呢？在「神的心意」的意見上似乎並沒有進一步的發展。這裏且舉孫德生（J. Oswald Sanders）的見解給讀者參閱：「神的旨意對那些祂所呼召，並以愛回應祂的人是顯露的。」（轉引自《世界古今屬靈名言》）

13 近代國際知名佈道家葛培理（Billy Graham, 1918～），嘗試以遵行神的心意，來印證一個信徒的真偽。而這一種意見，顯然在信徒中，有一定的市場。他說：

> 「所有智慧中的最高的就是得知神的旨意。……只要生活在神的旨意的中心，就可排除一切宗教的虛假，且可在事奉神的真誠上蓋上一顆印章。……全部的生命動蕩於神聖的關鍵上——神的旨意。……神的旨意，只向重生的信徒啟示。……只有經由基督，我們才能和神靈交而獲知祂為我

們生命的計劃。……第一，神的旨意是由聖經啟示的。……你們也許想知道『舊約』和『新約』是甚麼意思。『約』這個字實際的意義即是旨意。……第二，神的旨意由聖靈啟示。……我們很多人要求神改變景況來適合我們的欲求，而不是將我們的意志歸順於祂的旨意。神為每一個基督徒有一個生命的計劃。祂為你的計劃正漸達到完全的境地。」(〈神的旨意之奧祕〉，《葛培理講章集》)

「明白上帝的旨意，是屬於最高的智慧。活在上帝旨意的中心會把靈性上的一切虛假排除淨盡，並在我們對上帝的事奉上蓋上真摯真誠的印記。」(轉引自《世界古今屬靈名言》)

14 近代學者費伯益(Graham Fitzpatrick)似乎有意指出,信徒不遵守「神的心意」固然不當;他以為,在信徒不遵守神心意之時,更會遭到神的懲罰。他說:「當你遵行神旨意時,神不單賜給你內裏有喜樂和平安,而當你不行在神旨意中時,神會給你不安、緊張與恐懼。『內裏見證』不單指示你甚麼是神的旨意,亦指示你甚麼不是神的旨意。…… 神不希望待我們像機械人,但祂希望我們能持久地停留在神完美的計劃中。當我們遵主旨意時,神使我們的心靈有平安喜樂;反之,當我們遠離主時,神使我們內裏緊張不安。神最主要以聖經,然後是聖靈內裏的見證和聖靈在我們心靈中微小的聲音引領我們,就像母鳥以牠的翼來保護、遮蓋牠的小鳥一樣。」(《如何明辨神的聲音》)

15 現代神學家畢哲思(Jerry Bridges)則以為,對神的心意順服與否,乃說明一個信徒是否愛神。這意見難免將「愛神」的行為簡化了。他說：「順服神的旨意。這是敬畏神的至終考驗，是我們對神的愛的最真實回應。……尼希米認為行事敬畏神就是順服神。我們若不敬畏神，就不會認為遵守祂的誡命是值得的；但如果我們真正敬畏祂——如果我們尊敬祂，畏懼祂——我們就會順服祂。我們對祂順服的程度如何，正好反映我們對祂有多少尊敬」(〈竭誠為主〉，《敬虔的操練》〔*The Practice Godliness*〕)。

16 當代著名的屬靈導師畢德生(Eugene Peterson)牧師，從牧養的角度，意識到「神的心意」這問題，在一個信徒身上所呈現的複雜性。這無疑是研討這個問題上的一大進步。他說：「在神的旨意和人的意志交會點的核心問題，顯然也就是一切事物的核心。神的旨意和我的意志之間的關係，不是一個宗教的專門問題：它本身就是問

題。而我們如何回答這個問題，會從各個層面塑造我們的人性。」(〈成長是個抉擇嗎？〉，《返樸歸真的牧養藝術》)

17 亞洲神學家唐崇平牧師，在「神的心意」這問題上，主要從神學的問題著手，來說明「神的心意」；其中不難見到先前潘霍華的意見。同時，他又認為這種「沒有神容許，便不會發生任何事」的論調，會挑起「罪惡」的本源及如何出現等問題，故此需要一併處理。他說：「神的永旨是指上帝永不改變的旨意。這不只是說，一切發生的事情，都是出於上帝的旨意才有的結果；也是說，凡上帝在祂永旨裏所計劃的事，必要按祂的旨意與時間，成為完成的事實。神的永旨包括一切的創造與救贖，及人類一切的工作與行動。至於罪惡是怎樣進入世界，以及人的罪行之事，我們要說，除了罪人應負行為上的責任與後果外，那也是出於神所准許的。但是，有關罪的由來與罪行發生，我們只能說，它僅是出於神所許可的旨意，但它卻不是出於神永恆的旨意裏。因為有限與屬世的人，從來不能完全了解，那無限永恆之神的旨意與其所成就的事。」(「神的永旨」，《基督教信仰實義》)

18 當代名作家楊腓力(Philip Yancey)，在著作中常沉醉地討論「神的心意」、「苦難」等問題。在「神的心意」這問題上，他提出了一個有趣的說明：到底是先有神的心意呢？還是先有人的認識及行動呢？他說：「基督徒讀聖經，常常誇大神的應許，簡直就是為將來失望、幻滅作準備。」「我不是認識神，然後行祂的旨意；我是藉著行祂的旨意而認識祂。」(《尋神啟事》)

19 古今中外都看過了，回到我們在港的華人信徒羣體中，會不會有更明瞭我們處境的討論，以至更能對應華人信徒在「神的心意」問題上所產生的疑惑呢？答案應該是肯定的。我們先來看從事文字工作多年的吳思源的見解。他對於華人信徒常易於誤解神的心意，有深刻的說明：「不少基督徒動輒用『神的旨意』去解釋一切不可理喻的遭遇，其實犯了一個很要命的錯誤，就是掏空了信仰的客觀內容，……這種心態……完全不需要啟示、不需要耶穌基督的十字架，……在這種心態背後，或者正是人的驕傲」(〈只是凡人〉，《只是凡人》)。

20 素有國際視野的馮煒文，他從一個宏觀的角度，敦促華人信徒對「神的心意」作嚴肅的反省：「上帝是所有人的上帝，不是任何一個人、一班人、一個階層、一個民族、一個國家的專利。……上帝的旨意不同人的旨意。……有神學家把國家政策等同上帝的真理；有信徒領袖把生意發達等同上帝的祝福；有猶太人奉上帝的旨意刺殺了拉賓；……怪不得上帝一開始便作出警告：不可濫用我的名，不可妄稱耶和華的名。這十誡中的第三誡，相信是宗教人士最常犯的大罪。……我們的命題：作甚麼才符合上帝的旨意？耶穌的命題：你這個人是否在上帝的旨意中？你是否活在其中？」(〈上帝的旨意〉，《假如耶穌在》)

21 已故華人神學工作者楊牧谷牧師，先經歷過癌症的重創，繼後愛女又患上紅斑狼瘡症。在種種對他的打擊下，神有甚麼獨特的心意呢？他的反省，繼承了一些教父的體會，他曾說：「……求祂旨意得成的生命，就像一雙掌打開的生命，上帝可以予取予賜。這種生命絕對不消極，因為沒有比堅持主旨得成的生命更積極的了，儘管至愛的生命是牽涉其中。這種生命也不退縮，它只是執著；不是認命，它只是有更高的要求。」(〈不再焦慮〉，《相繫深深——當我所愛的人病了》)

22 最後要提的，也是不得不提的，是當代神學工作者梁家麟，對「神的心意」所提出的獨到見解：

「我們不把上帝顯明的旨意與在生活處境裏的權衡利害混為一談，也不將上帝的絕對標準與人的相對抉擇相提並論。……我們以理性來作抉擇，不是出於對上帝不敬、狂妄自大、反倒是承認自己不是上帝，也不將自己的抉擇裝扮為上帝的旨意。」

「如何尋求上帝具體個別的指引？筆者抱歉地說：並無任何固定、簡易的方法。傳統提供的出路，諸如讀經、祈禱、環境因素、長者的意見、肢體的認可……，無疑均是可用的途徑；反正不管是否尋得出上帝的旨意，在作任何重大的決定前，多安靜祈禱，多參考別人的意見，總是有益無損的事。但是，以上的方法卻無法提供保證，教我們必然尋得上帝的旨意。我們在這樣做時，也必須小心別把它們看成為套取上帝口供的手段……。人豈能用任何方法，來強制上帝向他説話呢？」

「勉強把上帝的旨意與人的旨意完全對立的做法，除了看起來頗為敬虔偉大外，是既不合理又辦不到的事。」

「憑理性與喜好作抉擇，絕非大逆不道，也不一定便抗拒了上帝的旨意。」(《憑誰意行》)

在這個歷史長廊，古今中外的足迹，我們都走過了一遍。當然，這僅僅是「一瞥」。但以上眾多先輩、前輩們的寶貴見解，對於今日的你與我，實在寶貴，值得我們好好珍惜。但願我們能以此為基礎，對「神的心意」這個難纏的問題，能有更深刻、更貼近時代、更切合處境的反省及行動！

3 神言探索

「植物的生命是潛藏的；果實就是它的開顯。思想的生命是潛在的；語言即是思想的表現。因此，神的話語訴説著兩種思想，雖然它們其實是在説同一個真理；外顯的意義包含著隱覆的意義。」（索倫·齊克果〔Soren Kierkegaard, 1813～1855〕，《愛在流行》）

在問題出現之後，在神學提供答案之前，我們離不開聖經裏面的話。聖經——作為神的話語——才是我們信徒面對所有問題，尋求解決方向的主要基礎。我們新教雖然強調「惟獨聖經」，高舉聖經，但每當問題浮現時，卻少有從聖經中尋找反省的信息；即或回到聖經，又少有深入研究，慣常以為好些經文是不證自明的，以致常會白白錯過了聖經寶貴的信息！在這小書，筆者所要強調的，不是神學、哲學的討論，而是，也必然是聖經留給我們的寶貴信息！

在聖經裏面，談及「神的心意」的經文著實不少。但要找上一段很有系統、很經典的經文，卻殊不容易。經種種考慮，筆者決定從舊約及新約裏各取一段經文。這兩段經文，分別來自聖經中兩卷重量級書卷。下文所引有關保羅的一段經文，信徒可能已很熟悉。但筆者以為，在討論「神的心意」的視野下，實在有重新解釋的空間及必要。另一段出自以賽亞書的話，較少人留意到其中有關「神的心意」的信息。筆者以為，實有必要，讓我們重新發現經文的信息：它到底如何更人性地，指引我們遵行「神的心意」。

1 神的心意在哪裏呢？怎樣明白神的心意？且聽保羅的一段話。

請參閱羅馬書十一章33節至十二章2節。

保羅論及神的智慧難測難尋，是否有根有據呢？

學者普遍以為，羅馬書是保羅神學成熟的作品。除了有優美的神學論述外(一～十一章)，也有對信仰生活的具體落實說明(十二～十六章)，真可謂情理兼備。故歷代不少神學家，對這卷書尤其鍾愛！在中世紀信仰愈來愈僵化的局面下，馬丁路德便以羅馬書其中所論述的觀點，發展出後來整個新教賴以為生的根基「因信稱義」。上一個世紀初，在歐洲神學愈來愈缺乏生氣的情況下，卡爾巴特(Karl Barth, 1886～1968)同樣以羅馬書的解釋，引發出新正統神學的潮流，激起了世人對耶穌基督的注視。無疑，羅馬書對作者保羅來說，或對後來的用家／讀者來說，都很重要。書卷中兩大部分中間的分水嶺，是我們在這裏要集中討論的經文。

一般而言，釋經學者普遍以羅馬書十二章作為分水嶺。故有學者以為，第十一章是前面數章的總結；甚至有人以為，第十一章是由第一到十章，整個神學討論的總結，以至具有無可替代的地位。翻開第十一章，我們可以粗略讀到幾個要點，它們分別是：第一，神對人的拯救，不是建基於行為，而竟然是以「神的恩典」作為大前提(5節)；第二，最先得著神恩典的人，不是選民／猶太人，而竟然是外邦人(17節)；第三，期盼有一天，作為選民的猶太人也會得著神的憐恤(25～32節)。(按：保羅先在第十一章14節說猶太人或有「一些人」得救，在以後的篇章，如第十一章26節又說「以色列全家都要得救」，前後不一的表達，有學者表示，這裏似乎暗示了保羅對以色列人的得救並無百分百的把握，「以色列全家得救」可能只是一種個人期盼。)

保羅，為以上這些要點，曾深感困惑。

根據聖經的記載，保羅，是一位很典型的猶太人，出身於名師迦瑪列門下，又是公會的候選人，屬知識分子一類，而且前途無可限量。但經歷了大馬色路上的異象以後，他徹底改變了。由一個熱中於反基督的分子，變成一個熱中於傳講基督事迹的信徒。這種一百八十度的轉向，令很多曾與他相熟的人，大惑不解。連保羅本人，也一樣大惑不解。

從法利賽人的觀點看，若非努力遵守律法，神恩豈會白白而得？從以色列的歷史來看，救恩不是給以色列選民的嗎？從傳統的猶太人觀點來看，外邦異族，怎配得神的愛顧呢？對作為傳統猶太人的保羅，在信主耶穌以後，以上的問題隨即浮現。對保羅來說，神，竟然不以行為，而僅以恩典叫人得救（十一5）；對他來說，神的救恩竟然越過了以色列人的範圍，而達到外邦人身上（十一17），而他自己，竟也成了外邦人的使徒（十一13）。神所做的一切，為保羅，也為每一個猶太人，帶來很多很多的問號。這種種的疑問，保羅想不通，促使他不無驚訝地說：「深哉，神豐富的智慧和知識！他的判斷何其難測！他的蹤跡何其難尋！誰知道主的心？誰作過他的謀士呢？誰是先給了他，使他後來償還呢？因為萬有都是本於他，倚靠他，歸於他。願榮耀歸給他，直到永遠。阿們！」（羅十一33～36）

這是一段很優美的樂章，流露出保羅對神的高度驚訝與讚歎。經文所說的「判斷」（33節上），是一個法庭上的用詞。法庭上任何的判決，都要有充足客觀的證據支持。客觀的事實、充足的證據，叫審判者以外的人，都可以確實推算到、認同判斷者判決的合理性。但是，保羅卻似乎在暗示說：無論客觀的事實怎樣存在，或以為結論一定如此，最終，在神來說，到祂來下判斷之時，結果卻是我們常人所難以猜測／推斷出來的；**因為神的心意，遠遠超出我們對客觀事實掌握的總和**。不以事實，而以歷史的軌跡來預測結果，來掌握神的行事，可以嗎？一樣難。保羅表示，神的道路，深不可測（*New American Standard Bible*，簡稱*NASB*）、追蹤不盡（《呂振中譯本》）、不可探察（《思高聖經》），無人可以明白神的動機，及祂如何作出決定（*Jerusalem Bible*，簡稱*JB*）。

弟兄姊妹，我們不是時常透過所謂「客觀」的印證，或歷史上的先例，來預測神的心意嗎？我們似乎從中「知道」了神的心意。可是，保羅卻說，我們根本不易弄清楚。有人以為可以為神籌謀，為未來「想出個所以然」嗎？不。保羅堅決說「不」。保羅很清晰地說：「誰作過他的謀士呢？」（34節）誰人可「先施恩於他」（《思高聖經》），使祂後來「報答」（《呂振中譯本》）呢？從來沒人先給予神恩惠，以致祂後來「不得不償還」（《現代中文譯本》）；同理，也從來沒有人作過神的謀士，替神「出主意」(《現代中文譯本》)。「謀士」原意可指「咨詢人」、「顧問」(《思高聖經》)。神是否需要祂所造的人，來擔當祂的顧問，替祂「出主意」呢？答案顯而易見。保羅以反詰的方式，否定了被造物可以作神的「謀士」。要知道，在第34至35節保羅極可能在引述當日的流行用語；當保羅引述之時，可能暗示，由古至「今」(到保羅那時代)，根本沒有人為神所作的決定，做過任何籌謀。由保羅的時代再往後推，來到二十一世紀的今天，我們一樣可以引證這古語，以表明沒有人，曾為神作過謀士。

接著，保羅更進一步說，所有被造／存在(《現代中文譯本》、*JB*)，都是根源於神(36節)。故此，被造者根本沒有可能，會有甚麼智慧比造物者更優勝！保羅最後還要加上一個「發願」的誓辭，來說明神旨難測的可信性；他說「阿們」。調子很悲涼嗎？沒法子。這是經文向我們透露的不爭事實。在這個不爭的事實底下，是否就明明白白地叫人放棄尋求神的心意呢？第十二章1節，保羅說「所以」，根據第11章末後數節經節來看，這裏大有理由說：「『所以』，算了吧！」神的心意既然如此難尋，不如算了吧！但經文沒有這樣說。即使神的心願難尋，保羅仍然積極地說「所以」。

在第十一章最後一句「阿們」以後，到了第十二章，出現了這個連接詞「所以」，遂清楚指出，第十二章1節的開始，其實與第十一章的結尾，有密切關係，是一種延續的關係。「所以」之後，為要指出：既然神的心意難尋，「所以」我們要做一些事情，以致更靠近神的心意。由「所以」，去到第十二章2節，「純全可喜悅的旨意」為止，顯然都是保羅在談論關於「神心意」的經文。事實上，過去常聽到對這兩節經文的解說（十二1～2），單單指出事奉者的心態如何如何，卻少有弄清這經文，與第十一章末的關係；少有緊扣「神的心意」這一主題談下去。那麼，神的心意難尋之下，保羅說了些甚麼呢？經文表示，既然神的心意難尋，「所以」，弟兄們(當然包括姊妹啦)，保羅說：「我以神的慈悲勸你們」(十二1)。「勸」字原文，有「安慰、勸慰」的意思。言下之意，**神的心意難尋，但莫忘，神仍愛我們(神的慈悲)，故此不要氣餒，我們還有當做的事情，可以較貼近我們神的心意**(十二1)。怎樣貼近呢？「將身體獻上，當作活祭。」(1節)通常獻祭，「祭物」是被獻上的；這裏，「祭物」就是獻祭者自己，將自己獻上，意味著獻祭者的主動性。作為信徒，是要主動地將自己，作為「活祭」獻給神。「活祭」，即持續地、活著、主動地獻上此祭。

既談完「獻祭」，接著應該說「你們如此『獻祭』，乃是理所當然的」，但是，經文卻說：「你們如此『事奉』乃是理所當然的」(十二1下)。如此，所謂「活祭」的意思，就被詮釋為「事奉」(《和合本》)、「敬拜」(《現代中文譯本》；意思較接近原文）。

經文似乎暗示：你做吧，真誠奉獻、事奉、敬拜吧，在你參與其中時，你自會明白神多一些。

除了自己作「活祭」外，經文更進一步指出（十二2），若要「察驗」（原文字根有「測試」之意，故這裏不宜譯作「明白」〔如《當代聖經》〕）「甚麼是上帝的旨意」（《呂振中譯本》），便不要被這個世界所同化（《現代中文譯本修訂版》）、不可追隨世界的潮流（《當代聖經》），讓神改造、更新我們的心思意念（《現代中文譯本修訂版》）。神要怎樣改造、更新我們呢？於是，又返回第1節，我們必須要真誠主動將自己獻上，當作「活祭」。我們愈能真誠投入事奉、敬拜，自會愈能「察驗」神的心意。情況仿如真心相愛的愛侶，彼此愛得愈投入、愈投入深刻，按理，自然便知道得對方愈透徹！

以上，是保羅在深明「神旨難測」的情況下，要求信徒仍要竭力貼近神心意的主張。作為讀者的你，可以從中找到所謂「神的心意」的啟示嗎？

繼保羅之後，我們再來看一看，在舊約一段鮮有被談及，有關神心意的經文。那裏，或者會有一個你從來沒有想過的「答案」。

2 或向左或向右，總有聲音告訴你，這是正路（參賽三十19～26）。

要充分理解這段經文，我們便須緊記：以賽亞書一般可概括地分為「一書」（一～三十九章）、「二書」（四十～五十五章）及「三書」（五十六～六十六章）。這樣的區分，並沒有損害全書信息的一致性。

在「一書」中，打從第二十八至三十三章，表達了六個神諭（每個神諭前都以「禍哉」作開始）。第三十章是第四個「禍哉」的開始。第三十章1至17節，清楚表達了「禍哉」的信息，但到了第19至26節，卻忽然兀突地出現了一段談及「希望」的經文，轉一轉，接著第27到33節，又再次回到「禍哉」的主題，故此，當你讀這段經文時，讀完第17節，直接從27節讀下去，會發現出奇地銜接。而19至26節則像「訪客」，「偶然」到訪似的。事實上，當你翻開《聖經新譯本》或《耶路撒冷聖經》(*JB*) 等聖經譯本，不難發現，由第二十八至三十五章，除第三十章19至26節的經文以外，全部都是以詩體寫成的。惟獨第三十章19至26節是以散文體寫成；並且，經文中出現的「希望」的主題，與以賽亞二書相合，故有學者以為，這段經文其實是來自以賽亞二書，屬於「新的出埃及」(ReExile；即由巴比倫回歸耶路撒冷) 主題下的經文 (參*JB*及*New Jerusalem Bible*，簡稱*NJB*)。

在確定了這段經節 (三十18/19～26) 的歷史位置以後，接著，我們仍要問：將這段經文重新放置在「新的出埃及」意味著甚麼呢？甚麼是以賽亞二書「新的出埃及」呢？

在公元前五九七年，巴比倫打敗南國

猶大，猶大國的統治階層及社會上的領袖、知識分子，都被擄到巴比倫去。經過十年後，即公元前五八六年，因為耶路撒冷出現叛亂，遂招致巴比倫揮大軍，攻陷猶大國，除了大肆擄掠之外，也擄走了第二批猶太人。自此，留在巴勒斯坦的猶大國「餘民」，與被擄到巴比倫的猶太人，遂分頭發展。及至公元前五三八年，波斯戰勝了巴比倫，佔據了它的首都，以後，下召令協助猶太人回歸國土。如此，問題遂浮現出來。由第一次被擄，到被擄歸回，歷時約共五十多年，中間經歷了兩、三代的猶太人；這些後代，都在各自身處的獨特地方成長，自然發展出不同的宗教觀點與制度。生活在巴比倫的猶太人，如果屬於第一代的猶太人，已經垂垂老矣，要長途跋涉地回歸故土，可行嗎？在巴比倫成長的一輩，無論是青年或壯年，對故土還有多少感情？對於故土，他們實在有點陌生。若在其中已經與外俗通婚的人，要帶一個非猶太人回自己的故鄉，是否有困難呢？另外，回歸還要考慮到，是否要撇下在巴比倫辛辛苦苦建立的家園？放棄在當地建立的事業及離開生活慣了的圈子嗎？要知道，昔日被擄者大部分屬於上層社會的人士，有部分人在巴比倫發展出他們的經濟體系、致富，也不足為奇。要放棄穩定的生活、優厚的生活條件，談何容易？但是，最終一部分熱心、對故土仍有感情、期盼回歸重建國土的猶太人，決意回歸。這就是所謂的「第二次出埃及」。既然有回歸的心，另一個問題瞬即浮現：猶太地本身並非空城，也決非殘破不堪，當地仍有猶太人居住，有他們的秩序、社會體系及宗教領袖；他們會歡迎這些長期生活在異地的猶太人歸來嗎？況且，在回歸者當中，我們不難想像，他們大多懷著愛國的熱情，期望著貢獻國家，甚至內心可能籌劃著建國、復興的大計。你以為，巴勒斯坦的猶太人，會歡迎這些企圖來「拯救」他們的猶太人嗎?此情此景,當下,在巴比倫生活的猶太人,回歸或是不歸,都令他們很難作出抉擇。正在進退維艱之時,這裏所選的一段經文,對他們便很有意思了。

旅居在巴比倫的猶太人,他們要怎樣決定?經文告訴我們,神的先知向當時回歸的猶太人表示神喻(18~26節)。聖經記載,神親自說:**不要以為只有你們在等待神,恰恰相反,其實神也在等待你們,為此,你們其實相當幸福(18節)**。將要住在耶路撒冷的被擄者(按:本節經文的希伯來原文屬「未完成時態」,有指向未來的意思,而並非指已經住在耶路撒冷的原居民),他們將要知道,「上主是慈愛的;你們向他求援,他就答應」(19節,《現代中文譯本》)。事實上,神本身很認同人所面對的艱難(20節上),並且,艱難者,即使不尋找神,祂也會主動前來,為深感艱難的人親作教師(參《現代中文譯本》,20節下)。但是,這位「教師」很奇特,與一般教師不同，祂不是指教你要如何如何，反而是，你如何如何，他都支持你。(21節：「你或向左或向右，你必聽見後邊有聲音說：『這是正路，要行在其間。』」)不過，你要怎樣才聽到這位「教師」的聲音呢？經文第22節隨即說：**要聽到「教師」的聲音，便要先放棄偶像崇拜**(不然，很自然，聽錯或聽不到教師的聲音，也不足為奇)。而行在「正路」者，經文保證了他們必然蒙福(23～24節)；甚至進一步表明，這祝福無論在怎樣艱難的時日下，都仍然必然繼續(25節)；又或，「行正路」者再遇艱難而跌倒／受傷，這位神，不僅會醫治，更要在「受傷者」身上，大顯祂的祝福，大顯祂的榮光。

在整段經文中，最突出的是：**你要問神的心意嗎？你不知如何決定嗎？你為此去求問神嗎？神，卻反過來問你：你想怎樣？你要怎樣？**你「或向左或向右，你必聽見後邊有聲音說：『這是正路，要行在其間。』」(21節)神，反過來問你，你自己的心意到底如何？你的心意如何，你就承擔責任，去行啦！神，都支持你。但有一個條件，你必須遠離偶像、假神(22節)，而做一個真心真意地敬拜真神的信徒。一個真誠的信徒，還會對神的心意陌生嗎？神，會不支持這樣的信徒嗎？

被擄回歸的猶太人，神對他們說話。這些話，不也是神今天對我們說的嗎？！

4 人間剪影

以下個案皆真人真事，姓名及地點等資料筆者已略作修改。

1 因「神的心意」而決意與女友分手，不久，便又與另一女孩拍拖。

志強與小寧拍拖已經五年，團友們常說他們是天造地設，令人羨慕的一對。一天，志強在團契聚會之後，突然向他的導師透露，不想再與小寧繼續拍拖。導師不禁細問，到底出了甚麼問題？

導師：「出了甚麼問題嗎？」

志強：「沒有，沒有，……只是，我發覺與她相愛，好像不是神的心意。」

導師：「怎樣見得？」

志強：「近日與她外出時，總沒有相愛的感覺。」

導師：「因為沒有『愛』的感覺，以致你相信，與她的相戀不合神的心意？」

志強（連忙回答）：「不只這些！不只這些！除了愛的感覺外，最近我的工作很不順利，加上一次讀經讀到出埃及記，講到以色列人要離開被奴役的處境，突然使我覺得，這幾年來，其實我一直都被這段感情所奴役，故此，我愈來愈相信，我與她拍拖，並不乎合神的心意。我想，我要與她分手了……」

導師（有點惆悵）：「你是認真地要與她分手嗎？」

志強（堅決地）：「這不是我的意思，是神的心意呀！我怎能違背呢？」

一星期後，志強果然與小寧分手了。約過了一個星期，志強卻與另一位女孩子靜雯拍拖。導師知悉此事之後，遂相約志強會面傾談。

導師：「聽說你現在與另一位女孩子拍拖。」

志強：「是的，我覺得這是神的安排。」

導師：「是神的安排？你們是怎樣相熟起來的？」

志強：「……嗯，她是我公司半年前新聘請的同事。她告訴我，曾經見了十多份工，都『無聲氣』，惟獨我上司請了她。你說，是不是很湊巧呢？不只這樣，不知上司為了甚麼緣故，竟然安排我隔鄰的位置給她。與她傾談下，更發現我們竟然都喜歡吃相同的食物，看相同的雜誌，有相同的嗜好。試問，怎會這麼湊巧呢？後來，更有不少同事，覺得我們很相襯，這豈不是由『眾人』來印證了這是神的心意嗎？」

導師：「你的意思是，你以為這些湊巧加在一起，就等如是神的心意。」

志強：「不。我以為，在神的國度裏，是沒有湊巧的。所謂湊巧，是不信神的表達。作為基督徒，我不相信湊巧，只相信神的安排。」

導師：「你的意思是，與靜雯由相識到相戀，都是符合神的心意……」

志強：「當然呀！事實上，我也有祈禱，心裏面沒有甚麼不平安，這就更叫我確信，靜雯才是神安排給我的理想伴侶。」

導師：「因為要與靜雯相戀，故此兩星期前與小寧分手？……」

志強：「導師，我不是曾經對你說過嗎？與小寧分手，是因為我明明白白地看到神的心意。神的心意是不願我與她在一起。但我也沒有傷害過小寧呀！我是在與她分手後的第二個星期，才開始與靜雯談戀愛的。」

導師：「我覺得你常掛在口邊的『神的心意』，實在有點問題……」

志強（有點惱怒）：「我知，我知，你與其他人都一樣，以為我只是花心，才與小寧分手。你看錯我了，我也信錯你。」

自那次對談以後，小強再沒有返那所

教會聚會。反正，香港教會多的是，他隨便轉去一間教會聚會便可以了……。

各位讀者，你以為志強與小寧的分手，是出於神的心意呢？還是出於志強自己的心意呢？與靜雯的相遇、相戀，又是神的安排嗎？當四周的人，都「唱好」的時候，是否就等同於神的心意呢？(公式：「眾人」+「眾人」= 神的心意？) 所謂祈禱有平安，是否真能説明神的意願呢？聖經的章節，要拿來印證神的心意時，又有甚麼使用的標準呢？志強轉到另一間教會聚會，又是否，其實一樣是出於神的心意？理由很「簡單」，因為，神，藉著導師對他的猜疑，而促使志強離開這所教會到別的教會聚會。是神的心意？還是人的心意？又抑或是人，強加自己的心意給神，作神心意的心意呢？

2 認為是「神旨」，故決意不找會影響出席崇拜的工作，然而家中的經濟一天比一天差……

珍姐已經是家中第三代的信徒，她自小返教會，參與團契、崇拜。年事漸長，漸漸她便只有繼續參與崇拜聚會，而少有出席教會其他聚會。後來，金融風暴下，她遭到公司裁員，遂四處尋覓工作。但由於失業者眾，加上珍姐已經年屆四十多歲，實在不易尋找工作。然而，她素來是家庭的經濟支柱，工作對她來說，實在太重要了。最近，她終於覓得一份工作，待遇比先前的略差，只是，在如此形勢之下，理應立刻履新。但是，她卻推辭了。教會的傳道人大惑不解，遂追問珍姐。

傳道：「為甚麼要推卻那份工作呢？」

珍姐：「我心裏很不平安！」

傳道：「為何會心裏不安呢？」

珍姐：「只因那份工作，要星期日上班，以致不能參與主日崇拜。不能參與主日崇拜，心裏很不平安。聖經不是說，我們當守聖日嗎？……我覺得，心裏不平安，正是神告訴我，這份工作不宜去做。」

傳道：「你的意思是，因為神的心意，妳不去做那份工作？」

珍姐：「當然啦！我深信這是神的心意，我也深信神必定已為我另外預備一份更合適的工作。」

傳道：「……」

不經不覺，已經過了約半年。珍姐的家庭經濟狀況每況愈下，「老本」也快要花光了。但是她仍然深信，她遵行了神的心意，神必預備更好的在前頭。她仍在等待……。

弟兄姊妹，你，以為珍姐還要「等」下去嗎？珍姐是否真的「理解」到神的心意呢？珍姐心底那份不安，是出於神，還是出於其他呢？心底感覺，是一種印證神心意的指標嗎？各位讀者，你，知聖經在哪裏，談過「當守主日」嗎？珍姐即使不守主日，未能參與主日崇拜，是否就等同於，她沒有崇拜／敬拜的生活呢？

3 往國內傳福音的一夜

八十年代初(那時國內剛開放不久)，某天，泉仔及亞維預備往國內傳福音。這是他們的第一次，故難免有點緊張。星期五晚放工後，到達廣州已經很晚，為了省一點錢，他們遂找找碰碰，找了很久，終於找到了一所公寓，連忙登記入住。但店主告訴他們房間已滿。於是他們帶著失望、疲乏的身軀轉身離去。剛踏出店門，店主卻追上來，叫道：「慢走！慢走！」

泉仔：「甚麼事？」

店主：「剛有客人退房，現有一間雙人房，可給你們。」

泉仔：「是嗎？真棒。」

隨即，泉仔與亞維跟著店主回去，邊行邊說。

泉仔：「感謝主，祂為我們適切安排。

遲不會遲，早不會早，就是剛剛好。」

亞維：「對。感謝主。」

正要登記之時，店主突然問：「你們是本地人嗎？」

泉仔：「不。不是。我們是從香港來的。」

店主：「怎麼？你們是香港人？……對不起。我們不能租房給你們。我們這類公寓，國家規定只能供應給本地人，要不然，我們便犯法了。」

泉仔：「你的意思是不租房給我們嗎？」

店主：「當然不能租給你們。」

泉仔與亞維心中很不是味兒，不快地離去了。離去之時，心中難免在想：剛才不是明明感到神心意的帶領嗎？怎麼，突然間，神又好像不帶領我們似的，莫非，神另有心意？……隨著這一連串問號，他們繼續上路，去尋找屬神心意的旅館。

各位讀者，泉仔及亞維在找旅店時，

是否理應有神的心意在其中呢？「湊巧」可以被理解為神的眷祐嗎？住這裏不成，要到別處去，是否就是神的心意呢？在住宿，甚或呷口茶、吃個飽的小節上，都要斤斤計較是否神的心意嗎？

4 他／她是我的另一半嗎？

小強返教會不到一年，就結識了一位人見人愛的姊妹玲玲。而小強與玲玲更是一見如故，漸漸發展出愛情來。團友知道以後，都暗地明地裏紛紛反對，以為小強比玲玲的年紀小，加上小強與玲玲的學歷程度懸殊；而小強又一貫吊兒郎當、口不擇言，與玲玲的溫柔、高貴氣質甚為不配，於是，團友們反對，而且愈演愈烈。一次，玲玲的家人也跑到教會吵起來，說那個甚麼小強，妄想追求他們的女兒云云。在此情此景下，連教會的長執，甚至教牧，都邀請玲玲與小強分手。「眾人」的印證，給玲玲姊妹一個印象，與小強相戀，會不會從根本就不是神的心意呢？不然，為何如此多反對聲音呢？小強，在種種不利的環境下，當然也深受苦楚，甚為困惑。神的心意，是否真的可以從「眾人」中獲得印證呢？兩人的相戀，彼此心底存在著真愛與否，只有兩人最清楚；為何，其他人卻可以指指點點呢？其他人，為甚麼忽然變成了神的代言人呢？小強帶著種種疑問，於一個晚上，去到教會的祈禱會，誠懇地問牧師。

小強：「牧師，神的意願，是否只能從『眾人』中印證呢？」

牧師：「對。」

小強：「那麼，會不會有些情況是：神的心意，只顯明給一個人知，而眾人都不知呢？」

牧師：「理論上……；按大多數情況……」(支吾以對)

歷經數年，經過了種種困難，仍然有「眾多」反對的聲音，小強與玲玲結果仍是共諧連理，至今生活愉快。只是，教會裏竟然仍有人相信，他們的結合，不是神的心意云云。

各位讀者，「從眾人的印證，可以獲知神的心意」，意味著甚麼呢？小強與玲玲的個人條件(年齡、學歷、品格等)，從表面看來都很不相配，是否就可以從中揣測出神的心意呢？抑或，信徒太習慣以理性的推論，或表面的理由，作為等同神心意的基礎呢？神的心意，是否只會向「眾人」顯現，反而向「當事人」隱藏呢？這樣做，合理嗎？據耶利米書記載，當時幾乎人人都認為耶利米是大反派；充滿民族感情的猶太人，都以為要對抗巴比倫，惟獨耶利米卻認為要投降，結果被扣上「賣國賊」的罪名。最終，聖經告訴我們，耶利米所堅持的，正正是神的心意；相反，眾人要對抗巴比倫的意見，終於站不住腳。既然聖經如此記載，所謂「要從『眾人』中印證神的心意」這一說法，我們是否需要重新反省呢？

5 教義小問答

1

信徒：請問牧師，甚麼是神的心意呢？

牧師：唔……英文“will of God”，譯做中文時，未知是否我們初代的華人信徒，太過敬畏神，尊祂一如地上的皇帝，既有皇帝下旨的意思，遂在翻譯中出現了一個今天習以為常的短語「神的旨意」。事實上，當信徒用中文表示「神的旨意」時，其實多少暗示了，我們僅僅將神當作皇帝，以這種身份來了解祂。如此，神與信徒的距離便愈來愈遠，容易使信徒覺得，我們的神，常常從上而下，冷冰冰地將祂的意願，以命令的方式力壓我們。事實上，“will of God”，譯作「神的意願」或「神的心意」較好。那麼，神的心意又指甚麼呢？根據學者特倫斯·弗泰（Terence E. Fretheim），希伯來文裏面並沒有很清晰的字眼可以說明所謂「神的心意」，但神的心意大致上可以理解為：「確定、渴望、欲求、選擇、計劃、立誓、判斷、決定、決心、打算、命令、感到樂趣、引以為樂、思考、目的、方式。」（“determine, desire, want, choose, plan, swear, judge, decide, resolve, intend, command, take pleasure in, delight in, thought, purpose, way.”）（參 *Anchor Bible Dictionary* “Will of God in the OT.”一條）這些解釋，就留給你作為一些參考。

2

信徒：眾信徒的意見，通常就等如神的心意嗎？

牧師：這是一個好問題，眾人的意見即使一致，從邏輯上說，也並非必然是神的心意，故在尋求神的心意上，即使眾人有一致意見時，仍很難確定這些所謂一致意見，就等同於神的心意。我建議你可參閱「人間剪影」部分，有關「他／她是我的另一半嗎？」的個案。

3

信徒：是否神的心意都已經全部記載在聖經中，而不能在聖經以外獲得呢？

牧師：從你的問題，看出你對聖經是重視的，這是值得欣賞的。事實上，一方面，我們所相信的聖經，的的確確記載了不少神的心意，讓信徒可以從中領悟到祂的心願。但是，另一方面，如果我們都相信，神是永活的話(參出三14；撒下二十二47；詩十八46等等)，我們便沒有理由，將我們的神，框在聖經之中。故此，在推論上說，我們有理由接受神在聖經以外，將祂的心意向我們傳遞顯明。

4

信徒：請問牧師，是否任何事情的發生都有神的心意呢？

牧師：根據聖經所說(參羅八28「萬事都互相效力」，你亦可參考《現代中文譯本》)，及理論上的推敲，這是可以肯定的。但是，在現實世界中，有誰可以參透神在各件事上有哪種哪樣的心意呢？在理論上，每件事情的發生，我們都可設定有神的心意在其中，但現實中卻無從掌握神的心意如何如何。故此，這樣的理論性的指導，說得漂亮，但卻要看個人的領受如何。若一個人在某事件上（如患癌症），體會神有祂的心意在其中，則旁人無從質疑。但旁人卻不能對於別人所經歷的事情（如患癌症），強行說「神必有祂的心意」在其中。這在關懷牧養上，對於當事人，並沒有帶來太大的好處。

5

信徒：**請教牧師，在事情發生前，我們通常不易推斷神的心意如何；但是，我們能否從事情的結果，來了解神在事情中的作爲／心意呢？**

牧師：從這問題看來，相信你是一位甚願思考的信徒。你問了一個很好的問題。無疑，從事情結果，來推論事情的起因，或神的心意如何，當然可以。但這種推論，能夠為我們帶來甚麼呢？這是一個疑問。事實上，即使從事情的結果，來推論神的心意，也不能確保所推論的內容完全正確。因為，我們從來都沒有一條推論的公式，可以確保我們能追溯出神的心意。從結果推論起因，有時難免陷入「事後孔明」的做法。試問，我們願不願意做這個「孔明」呢？(請參閱「人間剪影」部分的第三個個案，或會為你提供一些參考呢！)

6

信徒：請問，神的心意，是否都合乎「常理」、「邏輯」呢？

牧師：首先謝謝你提問了一個具邏輯性的問題。從理論上說，神不會被「常理」、「邏輯」所框著。當然，就聖經內容所見，神的心意，祂所要求的，有不少是合乎「常理」、「邏輯」的；但是，我們仍然能從聖經中，找到一些例子告訴我們，神的心意，一樣可以超出我們所謂的「常理」。譬如說，神的心意，是要耶穌以身死十字架的方式，來救贖人類，這樣做，合乎常理嗎？不。這樣做完全超出常理。又或，按常理，找人工作，總要找一些有才幹的、傑出的人來承擔。但是，保羅的經驗卻告訴我們，當神找人為祂作工時，卻找一些不傑出的、沒有才幹的，甚至有「欠缺」的，為要顯出祂的榮耀與恩典(參林前一18～31)。為此，我們可以說，神的心意，可以應用人間的「常理」、「邏輯」等方式來理解；但同時，祂一樣可以超出我們的「常理」、「邏輯」。畢竟，我們只是凡人，有著太多太多的限制了！能夠知道的，始終有限(林前十三9～13)。要以我們有限的智慧、法則，來將神的心意都框起來，這是很難，也是不適宜的。

7

信徒：請問牧師，「愛神，愛人如己」，可以概括了神全部的心意嗎？

牧師：當日法利賽人問耶穌，在眾多律法中哪一條最重要時，耶穌回答說：「第一條是要盡心盡性盡意地愛神，其次是愛人如己」(參太二十二34～40)。簡言之，則是「愛神，愛人如己」。這樣的回答，耶穌並非為了說明「神心意」的問題，而是，為了說明律法的重點所在。或者，以律法的重點，來推論出神心意所在，也並無不可。只是，即使我們說：神的心意，就是要人「愛神，愛人如己」，這樣的表達，是否有些抽象呢？！(意思過於「概括」，自然難免抽象)事實上，抽象的原則，若缺乏了具體說明，這些原則的指導性便很有限；有時，這些原則對「當局者」，不但未能幫上甚麼忙，反而造成另一些困惑呢！試想，一位姊妹的母親離世了，「愛神，愛人如己」可以怎樣告訴她關於神心意的信息呢？即或你強要用此話來對姊妹說明，但你豈不也要為「愛神，愛人如己」解釋一番嗎？期望，你，能夠明白我的意思！

8

信徒：**請問牧師，我們如何可明白神的心意？**

牧師：要明白神的心意，不是一下子可以說得清楚。簡單而言，我們愈投入參與事奉，對神忠心不二，與祂愈親近，自然會愈明白祂的心意。在此我建議你可參閱「神言探索」部分，有關羅馬書那一段經文的解釋。

9

信徒：當神的心意與人（自己）的意願相違時，我們是否只有一種順服神的心意的選擇呢？

牧師：這個問題較為描象，必須要看具體的情況，才容易做進一步的回應。

10

信徒：請問牧師，神的心意臨到一個人身上，仍有可改變的餘地嗎？

牧師：讓我借助約拿書來作一個例子，談一談這個問題。如我們所見，起先，神是要滅尼尼微城內眾人的（拿一1～2，三4），但約拿清楚了解到，若尼尼微城眾人悔改，神必「改變」祂的心意（拿四2）。果然，當尼尼微城眾人悔改以後，神真的改變了祂先前的意願，沒有滅掉尼尼微城。在這個事例上，神的心意，在某程度上說，是有彈性的。

11

信徒：教牧是最明白神的心意的人嗎？

牧師：信徒對於教牧們的尊重，我們深深感謝。只是，作為教牧的我們，又怎敢說，我們是最明白神心意的人呢？！誰？「最」明白神的心意呢？所謂「最」，是一個比較的問題，我們又怎會有標準，去比較誰「最」明白神的心意呢！？或者，我嘗試將問題的範圍收窄一些：作為教牧，會否比較平信徒更了解神的心意呢？理論上，教牧的屬靈光景會較平信徒穩定，對聖經較熟悉，如果這些條件都符合的話，我會認同教牧是較能掌握神的心意。但理論歸理論，事實上，沒有甚麼東西可以保證教牧一定屬靈，或者對聖經特別熟悉。並且，我們要記得，在聖經，尤其是新約，有不少祭司、法利賽人，對聖經、傳統也很熟悉，但他們卻遠離神的心意（甚至對此一無所知），這些例子我們不能不察。要知道，神的心意的彰顯，永遠在於神自己的主權。

12

信徒：聖經中的人物（神的僕人），是否都很重視神的心意呢？

牧師：我想，理論上，聖經中的神的僕人，都應重視神的心意。但實踐上，我們發現有摩西（出三7～四17）、約拿（知道神的心意卻不願意去履行）、耶利米（耶一7），甚至耶穌（太二十六36～46；耶穌在客西馬尼園多次求天父，收回要祂上十字架的決定）等等的例子，向我們顯示，神僕，一樣有自己的心意，在順服神或按己意之間，會有不同的選擇。

13

信徒：牧師，請問我們的主耶穌，是否凡天父的心意都會毫不猶疑地遵行呢？

牧師：這問題問得很好。當我們翻開聖經，我們看到耶穌，從出生到傳道的日子，根據四福音記載，他整個人生都是朝著神／天父的心意前行的。但是，有一次，是值得我們注意的一次，耶穌表現出對神／天父的心意有所猶疑。翻開福音書，當耶穌與門徒吃完逾越節晚餐以後，他與幾位門徒前去客西馬尼園處禱告。在整個禱告裏面，我們清楚讀到耶穌幾次求父拿開祂的苦杯的描述(參太二十六36～46；可十四32～42)，雖然最終耶穌都願意順服神／天父的意願，但耶穌對完成神／天父的心意有所猶疑的表達，卻是不爭的事實。

14

信徒：請問牧師，如果有一個信徒不順服神的心意，神會怎樣待他？

牧師：這一點不容易一下子說明。或者，我嘗試以約拿書為例來談一下。約拿書記載，約拿當日沒有依從神的意願，神叫他去尼尼微，他推辭不去；神叫他去東（尼尼微），他卻向西（他施）行。神怎樣待他呢？讓他的旅程遭到困難（拿一4～6），最後更被「大魚」吞下（如果在你的詮釋中這樣是一種懲罰，就當是懲罰吧）。以後，約拿在行動上，還是「遵」了神的吩咐，前去尼尼微宣告他們的罪狀。當時，尼尼微城全城悔改，約拿期望他們不悔改的「*願望*」落空，顏面何存？而那些異族外邦人，竟也可因為悔改而蒙恩，他心中自然很不服氣（拿四1～3）。神當然知曉他心底裏的嘀咕，於是再藉一棵即生即死的蓖麻（拿四6～9），來開導約拿；甚至親自與約拿對話，來安撫他的心（拿四10～11）。由此看來，神對於不順服祂心意的約拿，甚願等待，處處忍耐，處處開導。

15

信徒：我們在教會的議會中討論議案時，要怎樣才可以得悉神的旨意？

牧師：這是一個很好的問題。我們教會中的議會，每月每年通過超過百項的議案，是否每個決定，都乎合神的心意呢？這的確是一個重要的問題。今日華人教會的議會與文化，與一般商業、企業管理機構沒有太大的分別，大都是集體討論、集體議決及（原則上）集體負責。而環顧在教會議會席上的，通常有不少專業人士，以致，在討論過程中，傾向於以理性抉擇作為主導。僅以理性、邏輯的推演，又怎樣可以保證議案決策一定會符合神的心意呢？為此，我認為有幾點要留意，你不妨參考一下。第一，參與議會者的靈性很重要。第二，在議會中的討論，往往少有涉及、提出以聖經原則作為討論的方向，這一點宜反省。第三，議會的決策組織，盡可能是由前線參與者所組成。第四，要討論的議程，必須早一至兩星期送到將參與議會者手中，方便他們有時間思考及禱告。

16

信徒：牧師，如果結婚以後，才發現不是神的心意，當如何是好？

牧師：如果你有這樣的想法，我建議你考慮與你的牧者或輔導員談一談。

17

信徒：牧師，最近我的一位弟兄，他摯愛的親人死了，這是神的心意嗎？

牧師：為你弟兄痛失摯愛，我也深感難過。但是，作為教牧，我實在不敢輕言、認同，弟兄的親人離世，是出於神的心意。當然，如果當事人，以為這是神的心意，我們應當尊重當事人的感受。但是，作為「外人」，我想，我們在類似這樣的問題上，適宜保持緘默，並與那位哀傷的弟兄同哭、同行。

後記

79

無巧不成書！撰寫此書的後期，正是筆者迫切考慮辭職之時。於我來說，人生將要面臨一次重大的轉變。牧養堂會歷經七年，感情處處，實在難捨難離。按人意，我不想離去(起碼不是現在離去)；但經神的天使、好些牧長的意見印證，加上妻子的一力支持，遂拿起沉重的筆杆，揮筆請辭。忽然，積聚心底多時的重壓，一掃而空，心輕得想飛，使我愈來愈相信，我正步向神所屬意的路上；或反過來說，神正愛顧著筆者，與筆者一起承擔抉擇的後果！為此，雖然至今仍然前路茫茫，但我還是樂意靜候神在前面的預備及賜予！

原來，人生中突然而來的變數，會使我

們對於神的心意，變得敏銳、變得重視起來。

相類的經驗，筆者早在十多年前，也曾強烈的經驗過。那時，女朋友(今天我的妻子)與我，因為階級與學歷等等問題，陷於苦戀。於是，神的心意如何，常浮現在我們的腦海中。我們也曾為神心意如何的問題，有過好些迷惑。這些迷惑的經驗及體會，都改編到書中的個案上。如今寫來，別是一番滋味。當日模糊不清的，今天卻忽然一目了然。回望往事，看著一直守護愛護我的妻子，遂將此書獻呈給她。因為，她的確曾為我受了很多的苦！此小書，承載著她對我厚重的愛情！感謝主！

當然，要感謝的，還有促成此書的愛明姊妹、紹光兄及桂球兄；為紹光兄及好友瑞文厚賜的序文，主內情誼，筆者謹此再三謝過！

但願，神使用此書，賜福正捧著本書細讀的你。阿們。

張漢強

緊扣時代 服事教會

以文字傳揚基督真道

讀者意見表

衷心多謝你購買本社書籍。本社一直致力以出版事工服事教會，幫助信徒扎根於神的話語，促進靈命增長。為使我們的出版更能滿足你的需要，請填寫下列各項資料，並寄回或傳真予本社。

所購書籍：________________

本書最吸引你的地方：
□作者 □適切性 □文筆 □設計 □實用性
□其他：________________

購買本書地點：
□基道書樓 □基督教書店 □非基督教書店

性別：□男 □女 職業：________________

信仰：□基督徒 □非基督徒

年齡：□ 16 歲或以下 □ 17～25 歲 □ 26～35 歲
□ 36～55 歲 □ 56 歲或以上

學歷：□中三或以下 □中五 □預科
□大學 □研究院

□我欲更多了解基道出版社的事工及考慮支持，請寄給我下列資料：
□機構簡介 □新書資料 □基道會員通訊
□《基道文字事工通訊》

姓名：________________ 電話：________________

地址：________________

____

傳真：________________ 電子郵件：________________

其他意見：________________

____

多謝賜教！

意見表可以傳真（2687-0281）或直接郵寄以下地址：
香港沙田火炭坳背灣街26號富騰工業中心1011室
基道出版社編輯部收